BEI GRIN MACHT SICH IHR
WISSEN BEZAHLT

- Wir veröffentlichen Ihre Hausarbeit,
  Bachelor- und Masterarbeit

- Ihr eigenes eBook und Buch -
  weltweit in allen wichtigen Shops

- Verdienen Sie an jedem Verkauf

Jetzt bei www.GRIN.com hochladen
und kostenlos publizieren

Bibliografische Information der Deutschen Nationalbibliothek:

Die Deutsche Bibliothek verzeichnet diese Publikation in der Deutschen National-bibliografie; detaillierte bibliografische Daten sind im Internet über http://dnb.d-nb.de/ abrufbar.

Impressum:

Copyright © 2015 GRIN Verlag, Open Publishing GmbH
Druck und Bindung: Books on Demand GmbH, Norderstedt Germany
ISBN: 978-3-656-95582-5

Dieses Buch bei GRIN:

http://www.grin.com/de/e-book/299177/der-einfluss-von-big-data-eine-revolution-ohne-entkommen

Arne Möller

Der Einfluss von "Big Data". Eine Revolution ohne Ent-
kommen?

GRIN Verlag

Big Data

EINE REVOLUTION OHNE ENTKOMMEN?

Eine Facharbeit von Arne Möller

Findet hinter unserem Rücken eine Revolution statt?
Welchen Wert haben Daten in der heutigen Zeit?
Wie ist es möglich, sich vor der ständigen Erfassung von Daten zu schützen?
Welche neuen Perspektiven bietet die Technologie?
Ist unser Leben von Algorithmen bestimmt?

Inhaltsverzeichnis

1. Einleitung in die Thematik Big Data 1

2. Was ist unter Daten zu verstehen? 2

3. Wo werden welche Daten gespeichert? 3

    3.1 Datenerfassung im Internet 3

    3.2 Datenerfassung im alltäglichen Leben 4

4. Wie und wofür werden Daten verwertet, und welchen Gewinn stellen sie für Unternehmen dar? 5

5. Kann diese Entwicklung als Revolution bezeichnet werden? 6

6. Ist es möglich, der „Revolution zu entkommen?" 8

7. Positive und negative Seiten der Entwicklung 9

8. Einfluss der Politik auf Big Data 10

9. Zusammenfassung der Erkenntnisse 12

10. Schlussfolgerung – Ist Big Data eine Revolution ohne Entkommen? 12

11. Bibliografisches Verzeichnis 14

12. Anhang und Kommentare des Autors 16

1. Einleitung in die Thematik Big Data

Das Besuchen einer Website, der Einkauf bestimmter Produkte in Supermärkten, der tägliche Weg zur Arbeit oder die Anzahl unserer „Freunde" auf Facebook: All diese Dinge haben eines gemeinsam, sie lassen sich analysieren, speichern, auswerten und sogar verkaufen. Sie sind Daten.

Und diese persönlichen Daten sind zu einer Währung geworden. Um genau zu sein, eine schier unendliche Währung, denn die Daten, die jeder einzelne hinterlässt, werden von Tag zu Tag mehr.

Dies stellt vor allem Unternehmen vor Hürden, die sie zu meistern haben, bieten ihnen aber auch eine Fülle an den verschiedensten Möglichkeiten, die Daten zu erfassen und auszuwerten, um sie für ihre eigenen, oft kommerziellen Zwecke zu nutzen.

Big Data ist mehr als nur ein kurzweiliger Trend, der kurzlebige Startup-Unternehmen aus dem Boden schießen lässt. Big Data ist das effektive Nutzen der Möglichkeiten, die das digitale Zeitalter[1] mit sich bringt. Doch trotz alledem ist der Begriff nicht einfach zu fassen. Als Definition lässt sich anführen, dass Big Data eine Art Komplex ist. Ein "Komplex der Technologien, die zum Sammeln und Auswerten dieser Datenmengen verwendet werden." *(Quelle siehe a Seite 1 Zeile 4).*

Doch damit hat man noch längst nicht den Begriff Big Data erfasst. So definiert Carlo Velten, Senior Advisor bei der Experton-Group, "Big Data beschreibt die industrielle Revolution der Daten" "das ist die Verwandlung von Daten in ein Produkt." *(Quelle siehe b).* Damit wird klar, seit Big Data sind Daten nicht einfach nur Informationen, sondern Produkte mit einem Wert.

Big Data wird in unserer Gesellschaft ein immer wichtigeres Thema. Viele Unternehmer versuchen, Profit aus den Möglichkeiten zu erzielen. Doch wie weit geht die Auswertung unserer Daten, für welche Zwecke werden sie eingesetzt und können wir verhindern, dass unsere Daten erfasst werden? Ist Big Data eine Revolution?

2. Was ist unter Daten zu verstehen?

Wer von Big Data spricht, kommt um den Begriff der Daten nicht herum. Doch was können wir im Hinblick auf Big Data unter Daten verstehen?

Auch wenn man es nicht denken mag: Daten spielen unser Leben lang eine bedeutsame Rolle, ohne dass wir dies bewusst wahrnehmen. Schon unsere Geburt verursacht die ersten Informationen. Der Tag der Geburt, das Körpergewicht, Informationen über die Eltern, all dies wird von Anfang an protokolliert und gespeichert.

Die Definition von Daten hilft, sich dem Begriff zu nähern, denn Daten sind "Eine wieder interpretierbare Darstellung von Information in formalisierter Art, geeignet zur Kommunikation, Interpretation oder Verarbeitung." *(Siehe Quelle c)*.

Genau diese formalisierte Art der Daten macht es leicht, diese zu verarbeiten und zu interpretieren, welches die Grundlage für Big Data bietet.

Im digitalen Zeitalter hat man kaum mehr die Möglichkeit, sich der ständigen Datenerfassung zu entziehen, denn Daten können fast alles sein: Ob Daten zum Surfverhalten[2] oder den Interessen einer Person im Internet, dem Weg einer Familie in den Urlaub, den sie in ein Navigationsgerät eingegeben haben oder auch das Kaufen von Produkten im Supermarkt und dem Bezahlen via Geldkarte. Die Möglichkeiten, Daten zu erfassen, sind schier unendlich. (s.a. Seite 4).

Aufgrund dieser Vielzahl an verschiedenen Quellen für Daten gibt es auch differenzierbare Formen von Daten: Allgemeine Angaben, (Zahlen-)Werte oder formulierbare Befunde, die in der Umgangssprache unter "Gegebenheiten, Tatsachen, Ereignissen" *(Siehe Quelle d)* verstanden werden.

Daten werden in der Informatik zumeist verschlüsselt und in Zeichen bzw. Zeichenketten codiert, deren Aufbau strengen Regeln folgt. Um im Anschluss wieder Informationen abstrahieren zu können, müssen sie in einem Bedeutungskontext interpretiert werden. *(vgl. Quelle c)*

3. Wo werden welche Daten gespeichert?

3.1 Datenerfassung im Internet

Wie auf Seite 2 erwähnt, spielen Daten unter anderem im Internet eine elementare Rolle. Ohne diese wäre es beispielsweise nicht möglich, eine Website zu besuchen, denn auch diese besteht praktisch nur aus Daten. Doch auch der Nutzer des Internets hinterlässt bei jeder seiner „Aktionen" Unmengen an Informationen im Internet, die erfasst und gespeichert werden. Sehen wir uns dies einmal an einem Beispiel an.

Wir sind ein Internetuser, gehen in unseren Browser Google Chrome und werden gefragt, ob wir zur besseren Verwendung desselbigen nicht ein Google-Account erstellen möchten. Im anschließenden Fenster müssen wir unseren vollen Namen, unser Geburtsdatum, unser Geschlecht und schlussendlich unsere Mobiltelefonummer und E-Mail-Adresse eingeben[3]. Anschließend ist es Pflicht, den Datenschutzbestimmungen zuzustimmen, die besagen, dass die eben eingegebenen persönlichen Informationen genutzt werden, um "maßgeschneiderte Inhalte anzubieten – beispielsweise, um Ihnen *(wörtl.)* relevantere Suchergebnisse und Werbung zur Verfügung zu stellen" [4]. Mit dem Klick auf „Nächster Schritt" haben wir Google also offiziell die Erlaubnis gegeben, unsere Daten zu speichern und damit beispielsweise unsere Suche zu personalisieren.

Die Nutzung eines Big-Data-Konzeptes wird besonders bei Onlineshops, die Remarketing[5] betreiben, deutlich. Hierbei geht es darum, den Nutzer mithilfe von gezielter Werbung dazu zu bewegen, ein Produkt in einem bestimmten Online-Shop zu kaufen. Interessiert sich ein Internetuser also für Kameras, besucht dafür Shop A, kauft allerdings nicht, wird dies beispielsweise von der Suchmaschine gespeichert und auf Shop B bekommt der User Werbung für Kameras aus Shop A, so dass er im Bestfall dort den Kauf tätigt.

Ein weiteres Beispiel für die Speicherung von Daten, in diesem Fall Interessen, sind soziale Netzwerke. Folgt ein Internetnutzer dem Unternehmen A, kann es sein, dass er fortan für Firmen, die Unternehmen A ähnlich sind, Werbung zugesendet bekommt.

Daten werden also beim Nutzen des Internets in vielen Formen gespeichert, ausgewertet und genutzt. Doch wie und wo findet eine Datenerfassung im alltäglichen Leben statt?

3.2 Datenerfassung im alltäglichen Leben

Es fällt dem Menschen kaum noch auf, wo auch im alltäglichen Leben seine mitunter persönlichen Daten erfasst und ausgewertet werden.

Die Möglichkeit, Waren digital ohne Bargeld zu bezahlen, wird immer beliebter. Dies wird im Zeitalter von Big Data immer häufiger von Unternehmen genutzt, um Daten über das Kaufverhalten von Personen zu gewinnen. Bezahlt man beispielsweise an einer Kasse mit einer Geldkarte, wird häufig der Einkauf protokolliert.

Diese Tatsache belegt ein bekannt gewordenen Beispiel eines 16 jährigen Mädchens, welches Coupons für Schwangerschaftsmode und Babykleidung bekam. Daraufhin beschwerte sich der Vater des Mädchens, dass die Werbung nicht angebracht sei; doch die Supermarktkette Target hatte aufgrund des Kaufverhaltens des Mädchens, welches kein Alkohol mehr konsumierte und parfümierte Lotion kaufte, von der Schwangerschaft erfahren, und das früher, als der Vater des Mädchens selbst. *(Siehe Quelle e Min. 1:39)*

Die Erfassung und Nutzung von Daten im alltäglichen Leben findet auch vermehrt im Straßenverkehr statt. Hier werden Daten von Navigationsgeräten so ausgewertet, dass Staus schon vermieden werden können, bevor sie entstehen.

Eine ungeheure Menge an persönlichen Daten läuft ebenfalls in den Behörden und Ämtern, wie beispielsweise dem Einwohnermeldeamt, zusammen und wird dort teilweise sogar kostenpflichtig an Unternehmen herausgegeben. Es kommt also zu einem Verkauf unserer Informationen.

Daten, wie Adressen oder Interessen, haben einen großen marketingtechnischen Wert für Unternehmen, die ihre Kundenzahl erweitern wollen. Aus diesem Grunde gingen 2011 bei dem Handel mit Daten laut dem Deutschen Dialogmarketing Verband allein für solche Werbung, die persönlich an den Empfänger adressiert war, rund 27,7 Milliarden Euro über den Tisch. *(Siehe Quelle f)*.

Weiterführende Beispiele sind im praktischen Teil der Arbeit dargestellt.

Somit ist festzuhalten, dass unser alltägliches Leben an vielen, mitunter verschiedenen Stellen protokolliert wird und die Anzahl der Möglichkeiten dazu ständig wächst.

4. Wie und wofür werden Daten verwertet, und welchen Gewinn stellen sie für Unternehmen dar?

Ständig ist die Rede vom Auswerten und Speichern unserer Daten und dem Wert, den sie für Unternehmen haben. Doch wie genau werden unsere Daten ausgewertet und wie wertvoll sind sie wirklich für Unternehmen?

Um Daten erfolgreich zu verarbeiten, müssen einige Grundvoraussetzungen gegeben sein. Zuallererst ist es elementar, dass die zu verarbeitenden Daten alle im selben Format vorliegen. Trifft dies nicht zu, würde es schnell zu Problemen in der Verarbeitung und vor allem der Kompatibilität der dazu verwendeten Geräte kommen *(Siehe Quelle g)*. Neben dem einheitlichen Format sind ebenfalls die Werkzeuge, die zu Verarbeitung genutzt werden, von Bedeutung. Bekannt geworden ist dabei Google MapReduce[6], eine Art Modell, welches es möglich macht, große Datenmengen zu verarbeiten. MapReduce schafft es, viele Aufgaben der realen Welt in einem Modell auszudrücken. In der Pressemitteilung von Google dazu heißt es, dass MapReduce fähig sei, viele Terabytes von Daten auf tausenden verschiedenen Systemen/Computern zu verarbeiten *(Siehe Quelle h)*. Es ist nun also sogar schon für kleinere Unternehmen möglich, mit Modellen wie MapReduce effektiv Big Data-Anwendungen zu unterhalten!

Die Verwertung dieser gewonnenen Daten findet nun in den Unternehmen auf unterschiedlichste Weise statt. So kann es sein, dass Unternehmen A, welches Finanzdienstleistungen anbietet, versucht, herauszufinden, wie die Vermögenslage ihrer Kunden momentan ist. Hierfür würde sich beispielsweise die Häufigkeit der Verwendung einer Kreditkarte oder die Menge an im Internet bestellten Artikeln oder auch nur der Besuch einer Website mit Finanzdienstleistungen eignen.

Solche Informationen über potenzielle Kunden sind für unser fiktives Unternehmen A nicht immer einfach zu erlangen, oftmals müssen sie erworben werden. Trotzdem lässt sich sagen, dass sich unser Unternehmen A die Daten, die eine Internetsuchmaschine B über die Person gesammelt hat, einiges kosten lässt. Die Daten sind schlichtweg so wertvoll, dass unser Unternehmen zum Beispiel nur zehn Menschen bewirbt, von denen es weiß, dass sie potenziell an den Leistungen des Unternehmens A interessiert sind und direkt sieben neue Kunden gewinnt, da ihre Interessen und Möglichkeiten, die

Dienstleistungen von Unternehmen A in Kauf zu nehmen, mit großer Wahrscheinlichkeit vorhanden sind.

Würde es 100 Menschen bewerben, von denen es keine Daten hat und nicht sicher ist, dass sie die finanziellen Möglichkeiten und das Interesse an Finanzdienstleistungen haben, könnte es eventuell nur zwei Neukunden gewinnen. Damit würde das Unternehmen einen zu immensen Streuverlust[7] erleiden.

Es ist also festzuhalten, dass Daten für Unternehmen einen hohen Wert haben und besonders im Bereich des Marketings eine wachsende Rolle spielen.

Doch Daten spielen nicht nur im Bereich des Marketings eine größer werdende Rolle, sondern sie werden auch in ganz anderen Bereichen unseres Lebens ausgewertet und genutzt.

Ein Beispiel dafür ist die vorzeitige Prävention einer Grippewelle mithilfe der Suchmaschine Google. Was auf den ersten Blick merkwürdig klingen mag, hat bereits seine volle Wirkung gezeigt. So gibt es bei Google eine Website, die die Suchbegriffe von Nutzern in bestimmten Gebieten, die mit dem Thema Grippe zu tun hat, auswertet und direkt so umwandelt, dass immer zeitaktuell das momentane Risiko einer Grippewelle zu erkennen ist. In diesem Falle könnte sich die Pharmaindustrie mit ihrer Produktion darauf einstellen. [8]

5. Kann diese Entwicklung als Revolution bezeichnet werden?

„Eine Revolution ist ein grundlegender und nachhaltiger struktureller Wandel" eines Systems *(Siehe Quelle n).*

Das digitale Zeitalter ist schnelllebig und Veränderungen sind an der Tagesordnung. Doch hat die immer weitreichendere Technologie Big Data eine Revolution verursacht oder ist es nur ein weiterer kurzweiliger Trend?

"Genau wie die Erfindung des Fernrohr(s), das Verständnis des Kosmos und die Erfindung des Mikroskops die Entdeckung der Mikroben ermöglichten, werden uns die neuen Datensammlungs- und Datenanalyse-Werkzeuge im großen Stil dabei helfen, die Welt auf eine Weise neu zu verstehen, die erste erst erahnen können." *(Siehe Quelle g – wörtl.)*

Die Welt auf eine neue Weise verstehen. Das, was Kenneth Cukier hier in Worte fasst, beschreibt den Einfluss, den Big Data auf unser Leben hat, ziemlich genau. Big Data hat einen grundlegenden strukturellen Wandel verursacht und das in kürzester Zeit. Die Technologie bietet Möglichkeiten, die vor 20 Jahren noch undenkbar waren und doch wurden schon vor hunderten Jahren Daten erfasst und ausgewertet *(Siehe Quelle i)*.

David Sepkoskis Projekt über „Die Datenbank vor dem Computer" zeigt uns klar auf, dass schon vor Existenz von Computern im 19. Jahrhundert Datenbanken angelegt wurden. Seine Studie zeigt auf, dass jede Generation bisher schon mit Daten umgehen musste und schon damals neuartige Dinge, wie Arbeitsteilung, möglich machte.

Christine von Oertzens Beitrag über „Die Mechanisierung der Zensusstatistik in Europa, 1890–1930" zeigt unter anderem auf, dass der erste Weltkrieg mit seinen logistischen Herausforderungen den Ausbau von Datennutzung und Auswertung klar beschleunigte und dennoch ist es praktisch nicht möglich, diese Anfänge der Datenbanken mit der Problematik Big Data des 21. Jahrhunderts zu vergleichen.

Wie schon eingangs erwähnt, dienen Daten über Personen nicht mehr der bloßen Erfassung von Informationen über die Bevölkerung, sondern sind ein eigenständiger Wert für Unternehmen. In diesem Kontext ist ganz klar eine Revolution zu erkennen. Die Revolution Big Data hängt eng mit der Technologie zusammen, die sich so rasant entwickelt, dass es für viele Menschen schwer ist, mitzukommen. Gibt es noch leistungsstärkere Systeme, die mehr Daten in einer bestimmten Zeit verarbeiten können, gibt es auch mehr Big Data-Anwendungen, die sich dies zunutze machen.

Big Data revolutioniert sich praktisch jeden Tag und ist einem Großteil von uns praktisch immer einen Schritt voraus. Eines ist allerdings sicher: Big Data ist eine stillschweigende, lautlose Revolution, die sich in sehr kurzer Zeit immens gewandelt hat.

Bevor Edward Snowden die Aktivitäten der Nachrichtendienste, wie der NSA, aufdeckte, war nur einem sehr kleinen Teil der Bevölkerung wirklich bewusst, in welchem Ausmaß die Erfassung unserer Daten dort erfolgt und wer weiß, womöglich gibt es nun schon neue Technologien, die eine noch stärkere „Durchleuchtung" unserer Person möglich machen? Erfahren werden wir dies mit Sicherheit erst, wenn schon die nächste Innovation stattgefunden hat.

6. Ist es möglich, der „Revolution zu entkommen?"

Big Data kennt keine Grenzen und wird immer öfter und umfassender eingesetzt. Schnell kann es da vorkommen, dass die Menschen, die über unsere Daten verfügen, mehr über uns wissen, als wir selbst. Doch welche Möglichkeiten gibt es, dem zu entkommen, sich nicht digital durchleuchten zu lassen und möglichst wenig von sich preiszugeben?

Verstehen. Das ist eine der Grundlagen, die wir brauchen, um uns „schützen" zu können, denn wer nicht versteht, wo überall unsere Daten erfasst und verarbeitet werden, hat es schwer, dagegen vorzugehen.

Aus diesem Grunde sind Maßnahmen, wie schon das frühe Heranführen unserer Kinder an das Internet und technische Geräte, wichtig, wenn auch unter dem Aspekt, schon von früh auf klarzumachen, welche Gefahren diese Technologien bergen.

Wer nachhaltig verhindern will, dass die Daten gegen einen sprechen, sollte sich beim Verfassen von Facebook-Nachrichten, dem Schreiben eines Artikels oder der Teilnahme an einem Gewinnspiel immer über die möglichen Konsequenzen im Klaren sein.

Seinen Haushalt zu vernetzen, eine neue Fitness-Uhr mit abrufbaren Statistiken zu tragen oder sich mit einer „Google Glass" durch die Welt zu bewegen sind alles Möglichkeiten, die im ersten Moment positiv scheinen, einem aber auch schnell die Gefahr, die dahinter steckt, vergessen lassen.

Thomas F. Dapp von der Deutsche Bank Research hat in einer Studie über Big Data festgehalten, dass beispielsweise eine webbasierte Brille mehr ist, als nur ein Angebot, sondern auch „einen beinahe schrankenlosen Zugriff auf teils intime und persönliche Daten (darstellt). Ein einzelnes Unternehmen bekommt Einblicke in die täglichen Handlungsweisen der Menschen, deren Aktivitäten, Neigungen und Identitäten." *(vgl. Quelle k).* Sich dem bewusst zu sein, ist schon ein großer Schritt, um nicht von der Revolution Big Data mitgerissen zu werden.

Sofern es geht, sollte man alles verschlüsseln. Sind es E-Mails, die wir nicht über Drittanbieter versenden oder das regelmäßige Ändern seiner Passwörter. Als klein abgetane, alltägliche Dinge können an dieser Stelle schon einen Unterschied bedeuten. Wer an seinem Smartphone WLAN, Ortung oder Bluetooth nicht ständig aktiviert hat, entgeht schnell einer Vielzahl an Möglichkeiten, „abgehört" zu werden. Schlussendlich stellt sich aber die Frage, ob es überhaupt Sinn macht, zu versuchen, der Revolution zu entkommen, denn die Technologie ist dem Endnutzer immer einen Schritt voraus und sind nicht gerade die jenigen „verdächtig", die versuchen, keine Daten von sich preiszugeben?

7. Positive und negative Seiten der Entwicklung

Zu Big Data gibt es im Allgemeinen unterschiedliche Meinungen. Unter anderem sehen Datenschützer große Probleme, hingegen Unternehmen aber viele weitreichende Möglichkeiten. Doch zu welchem Schluss kommt man, wenn man die Thematik differenziert und aus verschiedenen Blickwinkeln betrachtet? Zu diesem Zweck werden im Folgenden die positiven als auch die negativen Aspekte gegeneinander abgewogen.

Kundenbeeinflussung. Das ist das Stichwort, für welches sich besonders die Marketingabteilungen von Unternehmen interessieren, denn Big Data macht es möglich, die Interessen oder auch das Kaufverhalten eines Kunden klar zu erkennen. Doch schnell wird dieser Vorteil durch Big Data ein Nachteil für den Konsumenten. Vor allem Datenschützer sehen die Privatsphäre des Menschen nach und nach in den Hintergrund gerückt, was vielerorts auch selbst von den Menschen wahrgenommen wird. Da jede noch so kleine Aktion mit z.B. Bewegungsdaten einer Person, über Smartphones erfasst werden kann, tut sich schnell das Problem auf, dass kleine „Fehltritte" oder „Sünden" für immer gespeichert werden können. Diese Tatsache macht das Leben besonders für junge Menschen weitaus weniger unbeschwert.

Im Gegensatz dazu ist aber auch zu erwähnen, dass Big Data-Technologien die medizinische Diagnostik, beispielsweise durch das Auswerten der Krankheitssymptome einer Vielzahl von Patienten, vereinfachen kann.

Auch hilft die Datenerfassung zweifellos bei der Aufklärung oder sogar vorzeitiger Verhinderung von kriminellen Delikten, indem z.B. Online-Finanztransaktionen überwacht werden. In diesem Bereich ist bereits das „Predictive Policing" im Einsatz. Dies bedeutet, dass Algorithmen Delikte wie Einbrüche vorhersehen können. Bei der in Deutschland von Schweer in Oberhausen entwickelten Technologie arbeiten eine Vielzahl an Drohnen, Kameras und Listen mit an Schießereien beteiligten Menschen oder auch die Auswertung von Einbruchstatistiken zusammen. Ziel ist es, potenzielle Verbrecher schon vor ihren Taten unter Beobachtung zu stellen. Auch Kriminalität ist somit berechenbarer geworden *(Siehe Quelle j)*. Doch zeitgleich tut sich damit die Frage auf, ob eine Einstufung von Menschen als Kriminelle, bevor sie auch nur ein Kriminaldelikt begangen haben, überhaupt moralisch vertretbar ist.

Auch im Straßenverkehr findet Big Data sinnvolle Anwendungsbereiche wie beispielsweise durch Auswertung von Positionen von Navigationssystemen, welche im Endeffekt Staus vermindern können. Zeitgleich geht damit allerdings auch wiederrum der Nachteil einher, dass jedem Mensch ein Bewegungsprofil[9] zugeordnet werden kann, was Überfälle leichter macht.

Des Weiteren bietet Big Data die Möglichkeit, kostengünstig Nutzungsmengen auszulesen und genauere Prognosen zum Wasser- oder Energieverbrauch eines Haushaltes zu erstellen.

Wer die Daten hat, hat auch die Macht und so birgt Big Data für diejenigen, die Zugang zu umfassenden persönlichen Daten haben, die Möglichkeit, über „berufliche Karrieren, Versicherungsprämien, Bankkredite u.v.a. zu entscheiden" *(Siehe Quelle j)*.

Die Manipulation der Daten kann sogar so weit gehen, dass der gesamte Ruf eines Menschen nachhaltig geschädigt wird.

Sieht man Big Data als einen neuen unternehmerischen Bereich an, liegt auf der Hand, dass durch die Technologie viele neue Jobs geschaffen werden. Neue Wettbewerbskonstellationen bilden sich, aber auch bestehende Strukturen müssen reformiert werden *(Vgl. Quelle k)*.

8. Einfluss der Politik auf Big Data

Big Data scheint keinen Gesetzen zu folgen. Es schränkt zum einen unsere Grundrechte ein, gefährdet den Datenschutz und sorgt für unlauteren Wettbewerb zwischen Unternehmen. Rufe nach der Politik werden laut, Begrenzungen sollen her. Doch was kann und was wird die Politik im Hinblick auf Big Data unternehmen?

Zuallererst gibt es ein europäisches, als auch ein deutsches Datenschutzrecht, welches am ehesten im Hinblick auf Big Data anzuführen ist. Darin steht festgeschrieben, dass jeder Bürger ein Recht auf informationelle Selbstbestimmung hat, welches „das Recht des Einzelnen, grundsätzlich selbst über die Preisgabe und Verwendung seiner personenbezogenen Daten zu bestimmen" ist *(Siehe Quelle l)*.

Ins Grundgesetz schaffte es der Vorschlag, ein Datenschutz-Grundrecht einzufügen, aufgrund der fehlenden erforderlichen Mehrheit jedoch noch nicht. Personenbezogene Daten sind jedoch nach Art. 8 der EU-Grundrechtecharta geschützt *(Vgl. Quelle j)*.

Nach der obigen Ausführung sollte klar sein, dass Big Data kaum mehr mit diesem Grundsatz vereinbar ist!

Unter den Stichworten: „Der große Lauschangriff" werden "umgangssprachlich akustische und optische Überwachungsmaßnahmen der Strafverfolgungsbehörden und Nachrichtendienste bezeichnet." *(Siehe Quelle m)*. Diese Strafverfolgungsmaßnahmen sollen ausgebaut werden und das auf Kosten unserer Privatsphäre und der Wohnung als privaten Raum. So soll es ohne richterlichen Beschluss bei Verdacht auf Kriminalfälle fortan möglich sein, die Kommunikationsnetze wie Telefon oder Internet einer verdächtigen Person abzuhören und zu speichern. Mit diesem Vorschlag der Politik wird auf Big Data-Technologien zurückgegriffen und es wird verdeutlicht, dass auch der Staat Interesse an den neuen Möglichkeiten zeigt und diese auch erfolgreich nutzen kann.

Die Politik nimmt also praktisch kaum einen Einfluss auf die neuartige Technologie, plant diese aber zu nutzen.

Die Möglichkeiten, Reglementierungen für die Technologie seitens der Politik zu schaffen, sind jedoch groß. Beispielsweise mithilfe einer Anordnung für schnelle Löschung von Daten im Internet, einer gesetzlichen Reglementierung von Big Data, einer strengeren Datenanonymisierung, klareren und einheitlicheren Nutzungsbedingen von Websites, mehr Servern im eigenen Land, um Ausspähung zu verhindern oder auch schlichtweg nur die Einführung eines Schulfaches für das Erlernen des Umgangs mit dem Internet *(Vgl. Quelle l)*.

Profitieren Unternehmen, profitiert auch der Staat, weshalb Maßnahmen wie der flächendeckende Breitbandausbau zumindest auch zu einem Teil Big Data-förderlich sind. Der Staat nutzt also bereits Big Data als Technologie, reglementiert sie allerdings kaum. Big Data bleibt bis dato ein nahezu rechtsfreier Raum.

9. Zusammenfassung der Erkenntnisse

Eine Revolution geht lautstark und deutlich vonstatten, doch auch, wenn Big Data als Technologie durchaus unser Leben revolutioniert, nehmen es die wenigsten Menschen bewusst war.

Big Data ist eine noch sehr neuartige, fassettenreiche und vor allem schnell wachsende Technologie und maßgeblich in vielen Bereichen unseres alltäglichen Lebens beteiligt. Ob Supermärkte, die unser Kaufverhalten analysieren oder auch die örtliche Polizei, die ihre Fahndungen über Datenauswertung schnell zum Erfolg führen kann. Big Data hat sich zu einem maßgeblichen Element entwickelt, zu einer Revolution. Jedoch zu einer Revolution ohne Regeln.

Die Privatsphäre fällt nur allzu oft unter den Tisch, und es werden immer öfter Algorithmen und nicht mehr unsere Entscheidungsfreiheit, die das Leben letztendlich bestimmen. Die digitale Welt braucht Regeln, denn es besteht die Gefahr, dass die immer stärker anwachsenden Datenströme den Menschen nach und nach berechenbarer machen. Die vielen positiven Entwicklungen und vor allem die zahlreichen neuen Möglichkeiten zeigen allerdings auch, wie integriert Big Data in unser Leben schon jetzt ist. Entkommen kann man nur schwer und wer es versucht, wird schnell bemerken, dass ein Leben ohne die ständige Auswertung und Verarbeitung von Daten kaum mehr möglich ist.

10. Schlussfolgerung – Ist Big Data eine Revolution ohne Entkommen?

Das Big Data klar als eine Revolution anzusehen ist, habe ich bereits im Vorfeld begründet, denn noch nie zuvor hat eine Technologie bestehende Strukturen so sehr revolutioniert, wie es die Datenerfassung und Auswertung tut.

Trotzdem ist die Frage, ob man ihr entkommen kann, mit einem „Ja" als auch einem „Nein" zu beantworten, denn es gibt sehr wohl viele, bereits erläuterte Methoden, die das Sammeln von Daten über die eigene Person einschränken. Allerdings ist es in der heutigen Zeit, in der über jede Person Unmengen an Daten vorliegen, besonders „auffällig", wenn dies für einen Menschen nicht der Fall ist. Möglichkeiten dennoch an diese zu gelangen gibt es viele und neben den uns bekannten auch manche, derer wir uns momentan noch gar nicht bewusst sind, weshalb man unmöglich der Revolution entkommen kann.

Big Data hat und wird auch in Zukunft unser Leben nachhaltig verändern.

11. Bibliografisches Verzeichnis

www.computerwoche.de (19.10. 2014) IDG Business Media GmbH, Alles über das Thema Big Data, http://www.computerwoche.de/k/big-data,3457

a www.wikipedia.org (19.10. 2014) Big_Data, Letzte Änderung 19. Oktober 2014 um 14:33 Uhr, http://de.wikipedia.org/wiki/Big_Data

b www.computerwoche.de (19.10. 2014) IDG Business Media GmbH, Carlo Velten, Big Data ist bald ein Milliardenmarkt, http://www.computerwoche.de/a/big-data-ist-bald-ein-milliardenmarkt,2540726

c www.wikipedia.org (19.10. 2014) Daten, Letzte Änderung 13. Oktober 2014 um 10:20 Uhr, http://de.wikipedia.org/wiki/Daten#Informatik

www.wikipedia.org (19.10. 2014) Mentalität, Letzte Änderung 3. Juli 2014 um 21:24 Uhr, http://de.wikipedia.org/wiki/Mentalit%C3%A4t

www.faz.net (19.10. 2014) Peter Welchering, Aus Big wird Smart, Einstellung 18.10.2014 http://www.faz.net/aktuell/technik-motor/computer-internet/datenanalysesysteme-aus-big-wird-smart-13204324.html

www1.wdr.de (19.10. 2014) Conny Crumbach und Leo Leowald, Was ist Big Data?, Einstellung 10.03.2014, 07.44 Uhr, http://www1.wdr.de/themen/digital/bigdata108.html

e www.youtube.com (19.10.2014) Lets Denk, Big Data - Revolution ohne Entkommen I Let's Denk #21, Veröffentlicht am 22.08.2014, https://www.youtube.com/watch?v=DusV8hfDXSg&user=LetsDenk

Proebster, Walter E. (2002): Rechnernetze: Technik, Protokolle, Systeme, Anwendungen, von Walter Proebster, 2. überarb. Aufl. München: Oldenbourg Wissenschaftsverlag GmbH (Seite 59 Zeile 8f)

d www.Traffic3.net (21.10. 2014) Alexander Beck - traffic3 GmbH, Was ist Remarketing, http://traffic3.net/wissen/adwords/was-ist-remarketing

f www.vorlage-musterbriefe.de (23.10. 2014) Internetmedien Ferya Gülcan, Vorlage Widerspruch - Datenweitergabe durch das Einwohnermeldeamt, http://www.vorlage-musterbriefe.de/vorlage_widerspruch_datenweitergabe_durch_das_einwohnermel.html g Mayer-Schöneberger, Viktor / Cukier, Kenneth (2013): Big Data, Die Revolution die unser Leben verändert wird, 2. Aufl. München: Redline Verlag (Aus dem Englischen übersetzt von Dagmar Mallet)

h www.research.google.com (24.10. 2014) Dean, Jeffrex / Ghemawat, Sanjay - Sixth Symposium on Operating System Design and Implementation, MapReduce: Simplified Data Processing on Large Clusters, San Francisco, CA, December, 2004, http://research.google.com/archive/mapreduce.html

h www.google.org (24.10. 2014) Google Grippe-Trends, Grippe-Trends analysieren - Deutschland, San Francisco, 2011, http://www.google.org/flutrends/intl/de/de/#DE

n www.wikipedia.org (15.11. 2014) Revolution, Letzte Änderung 1. November 2014 um 20:10 Uhr, http://de.wikipedia.org/wiki/Revolution

i berlin.mpg.de (15.11. 2014) Aronova, Elena / Oertzen, Christine / Sepkoski, David, Die Geschichte von Big Data, http://www.mpiwg-berlin.mpg.de/de/aktuelles/features/feature33

j www.politik-poker.de (15.11. 2014) Mittelstead. Werner, Big Data, eingestellt am 24.03.2014, http://www.politik-poker.de/big-data.php

k www.dbresearch.de (23.11.2014) Dapp, Thomas, Big Data – Die ungezähmte Macht, eingestellt am 13. März 2014, http://www.dbresearch.de/PROD/DBR_INTERNET_DE-PROD/PROD0000000000328652.PDF

Bunz, Mercedes (2012): Die stille Revolution. Wie Algorithmen Wissen, Arbeit, Öffentlichkeit und Politik verändern, ohne dabei viel Lärm zu machen. Berlin: Suhrkamp Verlag.

l www.wikepedia.org (23.11.2014) Informationelle Selbstbestimmung, Letzte Änderung 17. November 2014 um 08:32 Uhr, http://de.wikipedia.org/wiki/Informationelle_Selbstbestimmung

m www.wikepedia.org (15.12.2014) Großer_Lauschangriff, Letzte Änderung 14. November 2014 um 22:36 Uhr, http://de.wikipedia.org/wiki/Gro%C3%9Fer_Lauschangriff

Titelbild aus joelrubinson.net (26.12.14)

12. Anhang und Kommentare des Autors

1. Das Digitale Zeitalter ist die verbreitete Bezeichnung für das 21. Jahrhundert welche auf seine technische Möglichkeiten und Entwicklungen im Vergleich zu den vorhergegangen Jahrhunderten zurückzuführen ist.

2. Surfverhalten meint die Mentalität einer Person beim Verwenden des Internets (z.B Suchmaschinen)

3.

4. „Wir nutzen die im Rahmen unserer Dienste erhobenen Informationen zur Bereitstellung, zur Wartung, zum Schutz und zur Verbesserung dieser Dienste, zur Entwicklung neuer Dienste sowie zum Schutz von Google und unserer Nutzer. Wir nutzen diese Informationen außerdem, um Ihnen maßgeschneiderte Inhalte anzubieten – beispielsweise, um Ihnen relevantere Suchergebnisse und Werbung zur Verfügung zu stellen." (Quelle Google Datenschutzerklärung)

5. Remarketing ist Beispielsweise eine Form von Anzeigen die entsprechend angepasst werden und die Angebote bewerben, die sich ein Besucher eines Online Shops angesehen, aber nicht gekauft hat. *(vgl. Quelle d)*

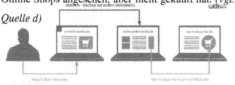

http://www.webneo.de/wp-content/uploads/2013/03/Remarketing-Adwords-Retargeting-Funktionsweise-Prinzip.gif

7. Streuverlust bezeichnet das Verhältnis der gewonnen Kunden in Relation zu den beworbenen.

Die genannten Werte sind lediglich Schätzwerte und sind nicht belegt!

8. Weiterführende Informationen auf

http://www.google.org/flutrends/intl/de/de/#DE sowie

http://www.google.org/flutrends/intl/de/about/how.html

9. Bewegungsprofil ist ein Datensatz, der es ermöglicht, die Bewegungen einer Person nachzuvollziehen und diese zu überwachen.